ТЕСТЫ

первые шаги

для детей 4-5 лет

Москва
«Махаон»
2018

Уважаемые взрослые!

Перед вами книга с тестовыми заданиями, которые помогут оценить знания и умения вашего ребёнка и выявить, какие навыки требуют развития.

Все задания сгруппированы по темам: математика, развитие речи, грамота, окружающий мир, внимание, память, мышление, моторика.

Серия «Умные книжки. Тесты» включает в себя книги для нескольких возрастных групп, разделённые по уровням сложности.

Книги первого уровня сложности **«ПЕРВЫЕ ШАГИ»** рассчитаны на выполнение простых заданий. Они позволят проверить, владеет ли ваш ребёнок базовыми для его возраста знаниями.

Второй уровень **«ОТ ПРОСТОГО К СЛОЖНОМУ»** предполагает закрепление базовых знаний и тренировку основных навыков.

Третий уровень **«ЧТО Я ЗНАЮ И УМЕЮ»** – самый сложный, рассчитан на дополнительные занятия с ребёнком, освоение новых знаний и умений.

Вы можете заниматься с ребёнком поэтапно – от уровня к уровню – или самостоятельно оценить уровень подготовки вашего ребёнка и выбрать ту книгу, которая будет ему интересна.

Как заниматься по книге

Приступайте к занятиям, только когда у ребёнка есть интерес, иначе результат тестирования будет низкий.

Прочтите ребёнку задание, предложите выполнить его самостоятельно. Будьте терпеливы и доброжелательны, хвалите маленького ученика за правильные ответы.

Продолжительность каждого занятия не должна превышать 15–25 минут, чтобы малыш не переутомлялся. Однако по желанию ребёнка занятие можно сократить или продлить.

Соблюдайте последовательность заданий в каждой теме. Если ваш ребёнок сумел правильно (а ещё лучше – самостоятельно) выполнить задание, раскрасьте звёздочку внизу страницы.

В конце каждой темы подведите итог – посмотрите, задания какого типа остались невыполненными, что вызывает трудности: непонимание задания или отсутствие необходимых знаний и умений. Позанимайтесь с ребёнком дополнительно и постарайтесь уделить больше внимания развитию навыков.

Если ребёнок справился с большей частью заданий, вы можете переходить к более сложным и творческим упражнениям.

Желаем вам и вашему ребёнку успехов!

МАТЕМАТИКА

Для успешного выполнения тестов первого уровня сложности ребёнок должен уметь:

- считать предметы от 1 до 10;
- соотносить количество предметов с цифрой;
- сравнивать количество предметов в группах;
- различать геометрические фигуры: круг, квадрат, треугольник, прямоугольник, овал, трапецию;
- ориентироваться в пространстве, используя понятия «верхний», «нижний», «между»;
- пользоваться порядковыми и количественными числительными.

Сосчитай, сколько всего предметов нарисовано на картинке.

Для взрослых

Это задание поможет выяснить, сможет ли ребёнок сосчитать все 10 предметов.

Сосчитай всех собачек
и найди нужную цифру.

5 6 7

Для взрослых

Задание позволит выяснить, умеет ли ребёнок пересчитывать предметы и соотносить их количество с цифрой.

Покажи на рисунке столько предметов, сколько обозначено цифрами.

Для взрослых

Хорошо, если ребёнок умеет выбирать заданное количество предметов.

Сосчитай предметы в каждой рамочке. В каких рамочках одинаковое количество предметов?

Для взрослых

Выясняем, умеет ли ребёнок сравнивать количество предметов в группах.

Назови геометрические фигуры и проведи линии к предметам, на которые похожи эти фигуры.

Для взрослых

Хорошо, если ребёнок в этом возрасте знает и умеет сравнивать геометрические фигуры: круг, овал, квадрат, треугольник, прямоугольник, трапецию.

Расскажи, что нарисовано в верхнем ряду, а что – в нижнем. Какой предмет находится между этими рядами? Что нарисовано между сумкой и конфетой, а что – между барабаном и лопатой?

Для взрослых

При выполнении этого задания вы выясните, ориентируется ли ребёнок в пространстве, знает ли он понятия «верхний», «нижний», «между».

Сосчитай, сколько предметов в каждой рамке. Какие по счёту шарик, груша, мяч, домик в верхней рамке? Какие по счёту стул, флажок, зонт, гриб в нижней рамке?

Для взрослых

Оцениваем развитие у ребёнка навыка порядкового счёта. Ребёнок должен уметь использовать числительные: «первый», «второй», «третий» и т. д.

РАЗВИТИЕ РЕЧИ

Для успешного выполнения тестов первого уровня сложности ребёнок должен уметь:

- чётко и правильно проговаривать слоги и слова;
- подбирать подходящие по смыслу и рифме слова;
- находить противоположные по смыслу слова;
- образовывать имена прилагательные от имён существительных;
- согласовывать глаголы с именами существительными;
- заканчивать предложения, подбирая необходимые слова по смыслу;
- отвечать на вопросы по содержанию предложения;
- составлять рассказ по сюжетной картинке.

Добавь слова в чистоговорки.

Ша-ша-ша –
Мама моет ... .

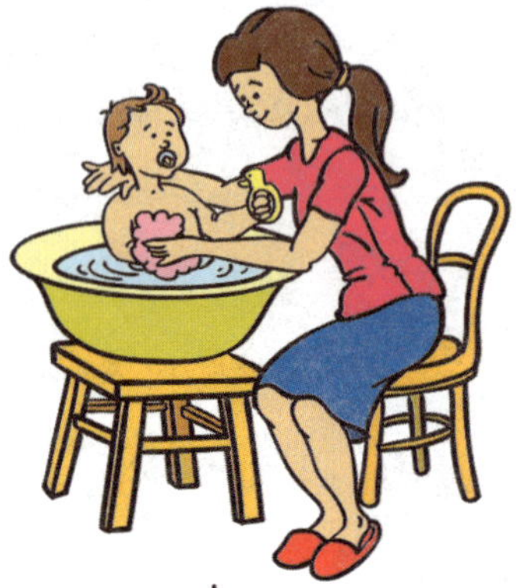

Ча-ча-ча –
На столе горит ... .

Ра-ра-ра –
Начинается ... .

За-за-за –
Здесь привязана ... .

Для взрослых

Ребёнок должен уметь подбирать подходящие по смыслу и рифме слова, чётко и правильно проговаривать слоги.

Подбери «слова-наоборот».

Большой – …

Длинный – …

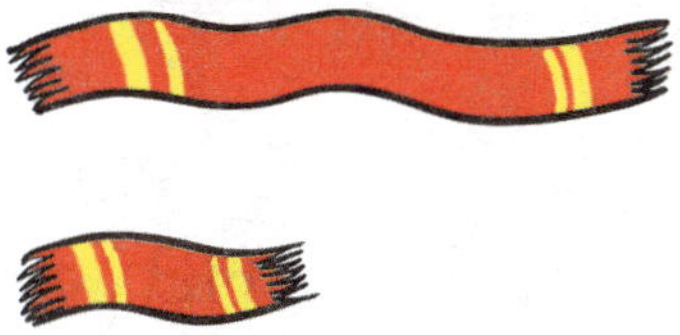

Тяжёлый – …

Холодный – …

Пустой – …

Для взрослых

Хорошо, если ребёнок подберёт противоположные по смыслу слова при помощи картинок.

Образуй новые слова по образцу.

Лес – лесной

Дом – ...

Зелень – ...

Ширина – ...

Снег – ...

Ум – ...

Холод – ...

Высота – ...

Город – ...

Чистота – ...

Темнота – ...

Смех – ...

Для взрослых

Хорошо, если ребёнок сможет образовать имена прилагательные от имён существительных.

Измени слова, обозначающие действия, по образцу.

Мальчик по дороге **шёл**.
Девочка из магазина **шла**.
Время быстро **шло**.
Старинные часы ещё **шли**.

Стол у окна **стоял**.
Скамейка у стены … .
Кресло за дверью … .
Лыжи в углу … .

Плот по реке **плыл**.
Лодка по озеру … .
Бревно по реке … .
Утки по озеру … .

Для взрослых

Ребёнок должен уметь согласовывать глаголы с именами существительными.

Закончи предложения.

Рано утром зазвонил … .

Ваня сколотил из досок … .

Мама сшила дочке … .

К нам в гости пришёл … .

Для взрослых

Ребёнок должен уметь подбирать по смыслу подходящие слова.

Послушай предложения и ответь на вопросы.

Катя нарисовала красками разноцветные листья.

- Что сделала Катя?
- Что она нарисовала?
- Чем рисовала Катя?
- Какие листья нарисовала Катя?
- Кто нарисовал листья?

Костя построил из кубиков высокую башню.

- Что сделал Костя?
- Что он построил?
- Из чего строил башню Костя?
- Какую башню построил Костя?
- Кто построил башню?

Для взрослых

При выполнении этого задания вы сможете выяснить, умеет ли ребёнок отвечать на вопросы по содержанию предложения.

Рассмотри картинки и прочитай слова. Придумай рассказы, используя эти слова.

снег
горка
санки
снеговик
ёлка

лес
грибы
корзина
тропинка
белка
ягоды

Для взрослых

Ребёнок должен уметь составлять рассказ по картинке, используя готовый список слов.

ГРАМОТА

Для успешного выполнения тестов первого уровня сложности ребёнок должен уметь:

- различать твёрдые и мягкие звуки;
- находить отличия между похожими словами в звучании и написании;
- определять место буквы в слове;
- читать слоги и находить их в словах;
- определять количество слогов в слове;
- находить слова с одинаковыми слогами;
- подбирать подходящие к картинкам слова.

Какие звуки звучат твёрдо,
а какие – мягко?

Р – Р – Р

РЬ – РЬ – РЬ

Т – Т – Т

ТЬ – ТЬ – ТЬ

З – З – З

ЗЬ – ЗЬ – ЗЬ

Для взрослых

Ребёнок должен уметь различать твёрдые и мягкие звуки.

Прочитай пары слов. Покажи буквы, которые меняют смысл слова.

ЛЕВ

ЛЕС

ЩИТ

КИТ

СОК

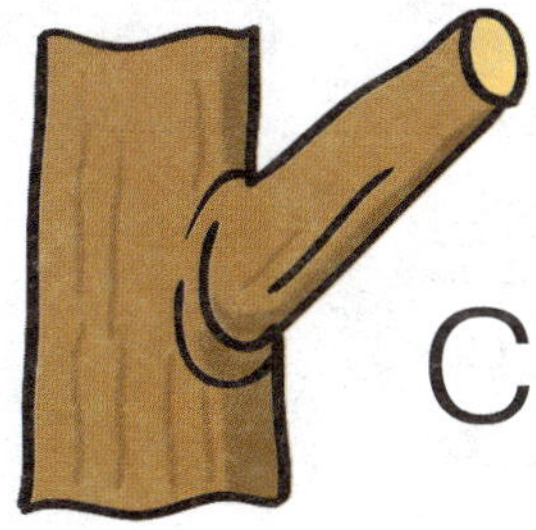

СУК

Для взрослых

Важно, чтобы ребёнок понял, что одна буква может изменить значение слова.

Определи, где находится буква «Т» в словах: в начале или в конце. Подчеркни эту букву.

ТАЗ

ЩИТ

ТУЧА

ЕНОТ

РОТ

ТРАВА

Для взрослых

Ребёнок должен уметь определять место буквы в слове.

Прочитай слоги. Назови все предметы. Определи, в каких словах есть эти слоги. Соедини слог с подходящим названием.

ПА

ЛЕ

ШИ

ТО

РУ

Для взрослых

Хорошо, если ребёнок знает все буквы алфавита и умеет читать слоги.

Соедини картинки, в названиях которых одинаковое количество слогов.

ПОД-СОЛ-НУХ

О-ДЕ-Я-ЛО

ЛИСТ

СА-ЛЮТ

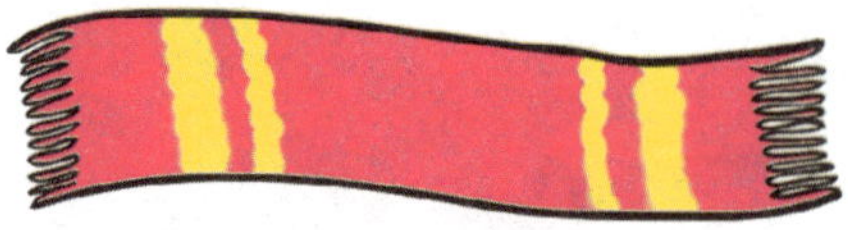

ПО-ЛО-ТЕН-ЦЕ

ПЕР-ЧАТ-КИ

СВЕ-ЧА

ПЕНЬ

Для взрослых

Это задание поможет вам проверить, умеет ли ребёнок делить слова на слоги и определять количество слогов.

Соедини картинки, в названиях которых есть одинаковые слоги.

МОЛОТОК

ДЕРЕВО

КАРЕТА

БАРАБАН

ПАРАШЮТ

КОЛОБОК

Для взрослых

Прежде чем выполнить это задание, пусть ребёнок каждое слово произнесёт нараспев. Так ему будет легче выявить в разных словах одинаковые слоги.

Прочитай слова.
Подбери подходящие к ним картинки.

РЫБА

ЛЫЖИ

ГРИБ

СНЕГ

УТКА

Для взрослых

Хорошо, если ребёнок сможет сам прочитать слова и подобрать подходящие к ним картинки.

ОКРУЖАЮЩИЙ МИР

Для успешного выполнения тестов первого уровня сложности ребёнок должен знать:

- своё имя, фамилию, возраст;
- отличия диких животных от домашних;
- название времён года и сезонные изменения в природе;
- основные типы транспорта;
- несколько приборов, используемых в повседневной жизни;
- виды овощей, фруктов, ягод.

Нарисуй свой портрет.
Скажи, как тебя зовут. Сколько тебе лет?
Расскажи о своих любимых занятиях.

Для взрослых

Ребёнок должен уметь рассказывать о себе.

Рассмотри две группы животных. Скажи, какие животные домашние, а какие – дикие? Чем отличаются дикие животные от домашних?

Для взрослых

Это задание поможет вам выяснить, знает ли ребёнок диких и домашних животных, кто чем питается, где живут и т. д.

Покажи, на каких картинках нарисованы зима, весна, лето, осень. Расскажи, какая погода бывает в каждое время года.

Для взрослых

Задание поможет выяснить, знает ли ребёнок времена года и их основные признаки.

Подбери к каждому времени года подходящий предмет и соедини линией.

ЗИМА

ВЕСНА

ЛЕТО

ОСЕНЬ

Для взрослых

Хорошо, если ребёнок самостоятельно подберёт предметы к каждому времени года.

Покажи на картинках наземный транспорт, водный, воздушный, подземный. Почему эти типы транспорта так называют?

Для взрослых

Ребёнок должен различать и называть разные типы транспорта.

Назови эти предметы. Подбери к каждому предмету подходящее описание.

Прибор для измерения температуры.

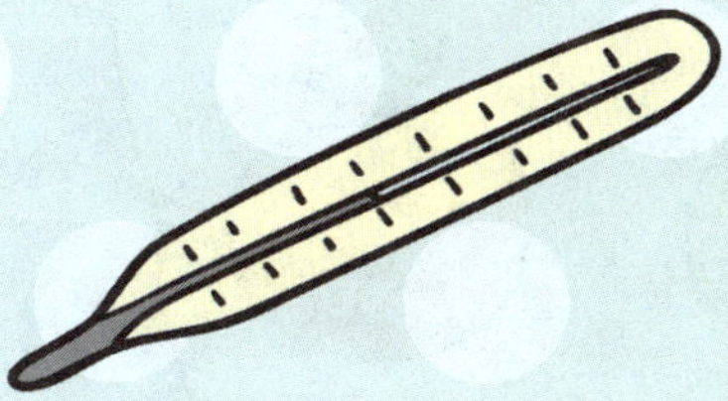

Прибор для измерения веса.

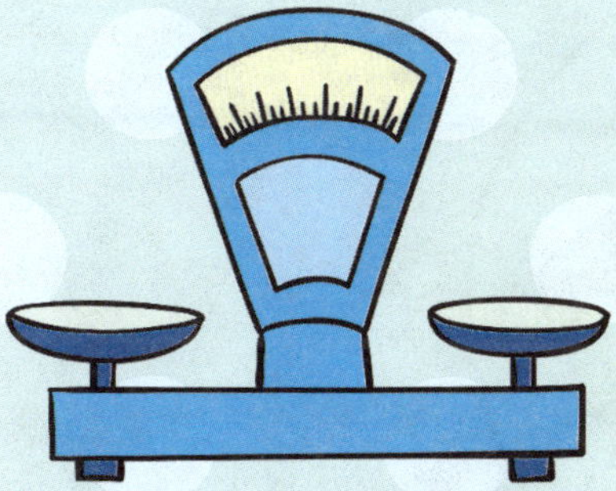

Прибор для быстрого вычисления.

Для взрослых

Ребёнок должен знать назначение некоторых приборов.

Рассмотри группы рисунков. Обведи фрукты красным карандашом, овощи – зелёным, ягоды – жёлтым. Расскажи, что ты знаешь об этих ягодах, фруктах и овощах.

Для взрослых

Ребёнок должен различать овощи, фрукты, ягоды; знать, что можно приготовить из овощей, какие части овощей и фруктов несъедобные, что горькое, кислое, сладкое.

ВНИМАНИЕ

Для успешного выполнения тестов первого уровня сложности ребёнок должен уметь:

- различать предметы по их контурам;
- находить не менее четырёх отличий между картинками;
- находить одинаковые предметы и фигуры среди похожих;
- находить два-три фрагмента изображения;
- дорисовывать предметы так, чтобы они стали одинаковыми.

Назови все игрушки на рисунке.
Сколько их всего?

Для взрослых

Ребёнок должен различить и назвать все 10 игрушек.

Найди различия в картинках.

Для взрослых

Хорошо, если ребёнок, не отвлекаясь, найдёт и покажет все различия в картинках.

Найди двух одинаковых лошадей.

Для взрослых

Это задание поможет вам определить, насколько ребёнок внимателен.

Найди на целой картинке её фрагменты.

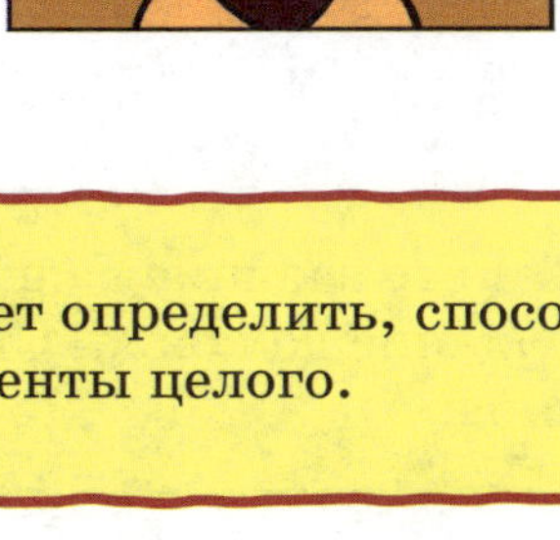

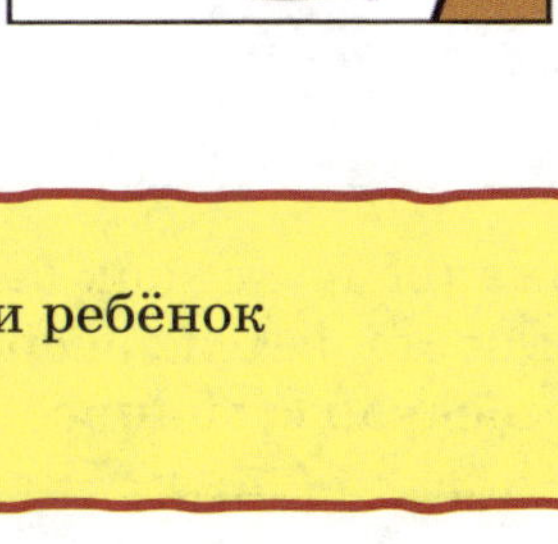

Для взрослых

Задание поможет определить, способен ли ребёнок узнавать фрагменты целого.

Дорисуй каждому шарику ниточку,
а чашке – ручку.

Для взрослых

Обратите внимание на то, как выполняет это задание ваш ребёнок: отвлекается или старается завершить задание до конца. Старайтесь развивать у ребёнка устойчивое внимание.

Рассмотри рисунки. Найди на большой картинке выделенный фрагмент и обведи его.

К четырём-пяти годам ребёнок должен самостоятельно выполнять подобные задания за 3–4 минуты.

Найди точно такую же фигуру, как в рамочке.

Для взрослых

Ребёнок должен уметь находить одинаковые фигуры среди похожих.

ПАМЯТЬ

Для успешного выполнения тестов первого уровня сложности ребёнок должен уметь:

- запоминать 5–6 рисунков в течение одной минуты;
- запоминать и воспроизводить простые фигуры и линии;
- запоминать сюжетные картинки и отвечать на вопросы по их содержанию;
- пересказывать небольшие рассказы.

Постарайся запомнить все листочки.
Закрой страницу.

Для взрослых

Ребёнок должен запомнить 5 рисунков за 1 минуту.

Покажи, какой листик был на предыдущей картинке, а какого не было.

Для взрослых

Задание поможет выяснить, как развита зрительная память у ребёнка.

Запомни расположение линий в клеточках, а затем закрой их. В пустых клеточках нарисуй такие же линии.

Для взрослых

Хорошо, если ребёнок без трудностей сможет скопировать линии.

Рассмотри картинку. Постарайся запомнить, что на ней нарисовано. Проговори это вслух. Закрой картинку. Ответь на вопросы.

Сколько было котят в корзинке?
Кто держит котёнка в руках?
Сколько всего котят?

Для взрослых

Ребёнок должен запомнить картинку и постараться ответить на вопросы по ней.

Рассмотри верхнюю картинку. Назови животных, которые едут в поезде. Запомни, кто в каком вагоне сидит. Закрой эту картинку. Теперь рассмотри нижнюю картинку. Кто из зверят поменялся местами?

Для взрослых

Хорошо, если ребёнок самостоятельно найдёт изменения на картинке.

Назови все предметы, изображённые на рисунке. Постарайся их запомнить. Закрой книжку и назови предметы по памяти.

Для взрослых

Ребёнок должен за 1 минуту запомнить 6 предметов.

Послушай рассказ.
Постарайся запомнить его и пересказать.

Коля играл на лужайке. На лужайке он поймал жука. Коля положил жука в коробочку. Жук громко жужжал. Коле стало жалко жука. Он открыл коробку, и жук улетел.

Для взрослых

Ребёнок должен уметь пересказывать небольшие рассказы.

МЫШЛЕНИЕ

Для успешного выполнения тестов первого уровня сложности ребёнок должен уметь:

- называть предметы обобщающим словом;
- находить лишний предмет;
- находить предмет по его описанию;
- определять последовательность событий;
- находить общие признаки у предметов.

Каким одним словом можно назвать все предметы?

Для взрослых

Ребёнок должен знать, что на рисунке – фрукты.

Какой предмет в каждом ряду лишний?

Для взрослых

Ребёнок должен назвать лишний предмет в каждом ряду. Это задание поможет выяснить, способен ли ребёнок классифицировать предметы.

Найди предмет по его описанию.

ЗЕЛЁНАЯ НАРЯДНАЯ
КОЛЮЧАЯ НОВОГОДНЯЯ

Для взрослых

Ребёнок должен уметь находить предметы по их описанию.

Расставь картинки с зонтиками и шапками по порядку.

Для взрослых

Задание поможет выяснить, может ли ребёнок определять последовательность событий.

Покажи на рисунке осьминога, у которого нет бантика и который не жёлтого цвета. Покажи банку с краской, в которой нет кисточки и она не коричневая.

Для взрослых

Хорошо, если ребёнок сможет выполнить задание без помощи взрослого.

Сравни предметы внутри пары.
Назови 3 общих признака.
Например: 1. На стуле и на табурете можно сидеть. 2. У них – по 4 ножки. 3. Они оба сделаны из дерева.
А теперь назови 3 общих признака у шапки и у шляпы.

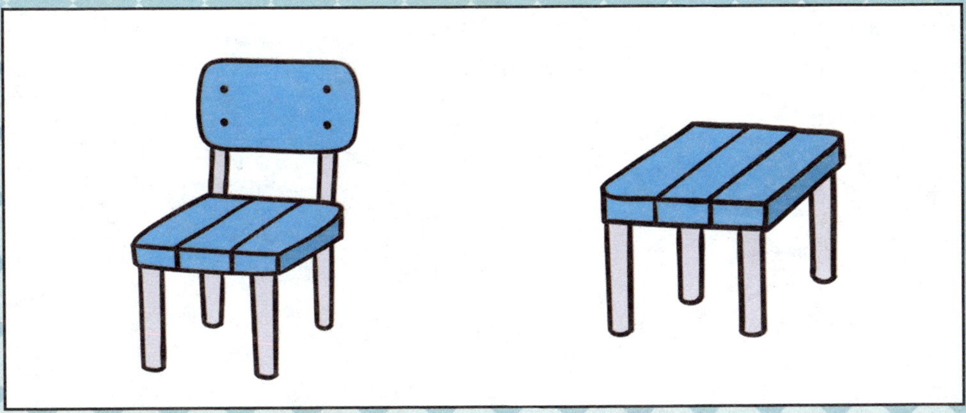

Для взрослых

Чтобы выявить общие признаки, ребёнок должен уметь сравнивать предметы между собой,

Покажи сначала то, что летает, затем то, что плавает. Кто и летает, и плавает?

Для взрослых

Хорошо, если ребёнок самостоятельно выберет нужные картинки и объяснит свой выбор.

МОТОРИКА

Для успешного выполнения тестов первого уровня сложности ребёнок должен уметь:

- правильно держать ручку и карандаш;
- проводить линии по пунктиру;
- обводить фигуры, не выходя за контуры.

Проведи линию посередине дорожки точно по пунктиру. Обрати внимание, в какую сторону едет поезд. Дорожку проводи по ходу движения поезда.

Для взрослых

Хорошо, если ребёнок аккуратно и без помощи взрослого проведёт линии точно по пунктиру.

Проведи линии по пунктиру, не отрывая карандаша от бумаги.

Для взрослых

Ребёнок должен стараться проводить линии точно по пунктиру.

Проведи линии по пунктиру, не отрывая карандаша от бумаги.

Ребёнок должен аккуратно по пунктирам проводить волнистые линии.

Обведи фигуры красным карандашом, как в образце.

Для взрослых

Хорошо, если ребёнок обведёт фигуры, не выходя за контуры.

УДК 372.3/4
ББК 74.102
З-555

Издание для дополнительного образования

Для дошкольного возраста

Серия «УМНЫЕ КНИЖКИ»

Земцова Ольга Николаевна

ТЕСТЫ
Первые шаги
4–5 лет

Художник Е. Шульга

Ответственный редактор *Д. Плаксунова*
Художественный редактор *Н. Кормер*
Технический редактор *Т. Андреева*
Корректор *Т. Филиппова*
Компьютерная вёрстка *О. Краюшкина*
Дизайн *О. Жукова*
Дизайн обложки *О. Клявень*

ISBN 978-5-389-05277-2

Подписано в печать 15.01.2018. Формат 84×108 1/16.
Бумага офсетная. Гарнитура «Pragmatica». Печать офсетная.
Усл. печ. л. 6,72. Доп. тираж 12 000 экз. U-UK-12361-08-R. Заказ № 0943/18.
Дата изготовления 05.02.2018.

64 с., с ил.

ООО «Издательская Группа «Азбука-Аттикус» –
обладатель товарного знака Machaon
119334, Москва, 5-й Донской проезд, д. 15, стр. 4
Тел. (495) 933-76-01, факс (495) 933-76-19
E-mail: sales@atticus-group.ru

Филиал ООО «Издательская Группа «Азбука-Аттикус» в г. Санкт-Петербурге
191123, Санкт-Петербург, Воскресенская набережная, д. 12, лит. А
Тел. (812) 327-04-55
E-mail: trade@azbooka.spb.ru

ЧП «Издательство «Махаон-Украина»
Тел./факс (044) 490-99-01
e-mail: sale@machaon.kiev.ua

ЧП «Издательство «Махаон»
Тел. (057) 315-15-64, 315-25-81
e-mail: machaon@machaon.kharkov.ua

www.azbooka.ru; www.atticus-group.ru

Отпечатано в соответствии с предоставленными материалами
в ООО «ИПК Парето-Принт». 170546, Тверская область,
Промышленная зона Боровлево-1, комплекс № 3А
www.pareto-print.ru

Знак информационной продукции (Федеральный закон № 436-ФЗ от 29.12.2010 г.) 0+